EL MEU PRIMER LLIBRE DE RELATIVITAT

Provença, 101 - 08029 Barcelona
info@editorialjuventud.es
www.editorialjuventud.es

Primera edició, novembre del 2018

ISBN: 978-84-261-4562-8

DL B 24227-2018
Núm. d'edició d'E. J.: 13.698
Printed in Spain
Imprès per Impuls 45 – Granollers (BCN)

ÍNDEX

ALBERT EINSTEIN

INTRODUCCIÓ

La teoria de la Relativitat d'Albert Einstein és la teoria de l'Espai-Temps. Tots tenim una idea gairebé innata de què és el TEMPS i què és l'ESPAI, i ens sembla que són conceptes senzills però, si hi reflexionem una mica, ens adonarem que succeeixen coses fascinants.

Albert Einstein, quan era adolescent, es preguntava per què ell li donava tantes voltes a uns conceptes que per als altres resultaven tan fàcils d'entendre. Gràcies als seus dubtes i a les seves reflexions, anys més tard va poder formular la seva teoria de l'Espai-Temps o de la RELATIVITAT ESPECIAL (es va anomenar així perquè anys després va formular la teoria de la RELATIVITAT GENERAL, en què, a més de l'espai i el temps, intervenen altres factors, com la gravetat).

Així doncs, per comprendre la teoria de l'Espai-Temps, abans haurem d'entendre què signifiquen en realitat aquests dos conceptes per separat: espai i temps. I també ens ajudarà a tenir clar què és el moviment i què passa amb la velocitat de la llum. Amb aquests ingredients, igual que Einstein, serem capaços de comprendre el món a través de la RELATIVITAT. I descobrirem que passen coses que semblen de ciència-ficció, però que realment ocorren en el nostre univers.

BENVINGUT A AQUEST VIATGE AL·LUCINANT!

EL TEMPS

Et desperten dient que ja fa estona que ha sonat el despertador i que has d'esmorzar a correcuita si no vols arribar tard a l'escola. Vas estar llegint fins ben entrada la nit i ara et penedeixes. Obrint com pots els ulls, mires el rellotge. És veritat, tot just tens vint minuts abans que passi l'autobús. I aquesta setmana ja has arribat tard un dia.

Tots sabem el que és el temps. El fem servir contínuament per saber què fer i quan fer-ho. Organitzem les nostres vides a partir d'unitats de temps: segons, minuts, hores, dies, setmanes, mesos, anys...

Però si ens pregunten què és el temps, la cosa es complica una mica. Hi ha hagut grans pensadors que l'han intentat definir, però per a nosaltres el més rellevant del temps és que el podem mesurar.

I... com mesurem el temps?

Per mesurar
el temps necessitem
quelcom que succeeixi
una vegada i una altra de
forma repetitiva, és a dir,
que passi de manera
periòdica.

MESURAR EL TEMPS

Una de les primeres maneres de mesurar el temps que van tenir els nostres avantpassats va ser utilitzant els dies. Un DIA és el temps que transcorre entre dues albes consecutives. Com que el Sol surt cada dia (és a dir, és una cosa que passa de forma periòdica) és ideal per mesurar el temps.
Així, comptant quantes vegades ha sortit el Sol al matí, podem saber quants dies han passat.

Algunes cultures també mesuren el temps a partir de les fases lunars.

Avui sabem que la Terra gira sobre ella mateixa, per tant un dia és en realitat el temps que triga a fer una volta sencera sobre el seu eix.

Les persones aviat es van adonar que no només es repetien els dies sinó també altres fenòmens, com les fases de la Lluna cada mes o les estacions cada any.

MESURAR TEMPS MÉS PETITS QUE UN DIA

- *Per mesurar temps petits utilitzem les hores, els minuts i els segons.*

- Si dividim el que dura un dia en 24 parts iguals tindrem una **HORA**.

- Quan dividim una hora en 60 parts iguals obtenim un **MINUT**.

- Finalment, dividint un minut en 60 parts iguals tindrem un **SEGON**.

MESURAR TEMPS MÉS GRANS QUE UN DIA

- Per mesurar temps grans fem servir un altre moviment periòdic, el de la Terra al voltant del Sol. És el que anomenem un **ANY**.

El SEGON és la unitat de temps que més utilitzen els científics.

- Un ANY és el temps que tarda la Terra a fer una volta completa al voltant del Sol: uns 365 dies. Bé, en realitat triga una mica més, concretament 365,24219 dies. Com cada any sobra un quart de dia, hem afegit un dia més al calendari cada quatre anys (el 29 de febrer). Per aquesta raó els anys DE TRASPÀS tenen 366 dies.

- Utilitzem aquesta unitat de temps quan diem que complim 10 anys, que la piràmide de Keops va ser construïda fa 4.578 anys o que l'edat de l'UNIVERS és d'uns 14.000 milions d'anys.

RELLOTGES

Els rellotges són artefactes tecnològics que, d'una manera o altra, repeteixen cicles que ens permeten mesurar el temps.

RELLOTGES DE SOL

Aquests rellotges es feien servir ja en temps molt remots. Utilitzaven l'ombra d'un pal sobre una superfície marcada per conèixer la posició del Sol, i així saber quina hora del dia era. No són molt precisos, per això avui dia gairebé no es fan servir.

ALS VAIXELLS ES DUIA UN RELLOTGE DE SORRA PENJAT, DE MANERA QUE ES MANTINGUÉS VERTICAL ENCARA QUE FES MALA MAR.

RELLOTGES DE SORRA

Si cada vegada que cau l'últim gra d'un rellotge de sorra el girem, tindrem quelcom que ocorre de manera periòdica. Comptant quantes vegades l'hem girat, sabrem quant de temps ha passat. Avui dia gairebé no s'utilitzen però durant molt de temps van ser la millor manera de mesurar el temps.

RELLOTGES MECÀNICS

Tenen un mecanisme que fa girar les manetes. Alguns es mouen mitjançant uns pesos i altres amb una molla d'espiral. Els primers rellotges mecànics no eren molt precisos i necessitaven que se'ls donés corda sovint. Avui hi ha rellotges mecànics més precisos que funcionen amb piles.

EL PÈNDOL

Galileu Galilei, cap a l'any 1602, es va adonar que el moviment d'oscil·lació d'un pèndol era periòdic i, per tant, servia per mesurar el temps. Comptant el nombre de vegades que oscil·la un pèndol es pot saber quant de temps ha transcorregut. Els rellotges de pèndol van ser els primers a donar el temps de forma precisa.

GALILEU GALILEI

RELLOTGES DIGITALS

A l'interior dels rellotges de canell actuals trobem una mena de pèndol petit que oscil·la. Els rellotges digitals tenen un circuit electrònic (a manera de pèndol) on també hi ha oscil·lacions que ens permeten mesurar el temps.

RELLOTGES ATÒMICS

Els rellotges atòmics són els més precisos del món. S'utilitzen per mesurar el temps, per exemple, als satèl·lits, als laboratoris o en les xarxes de comunicació. Estan basats en la vibració atòmica. Funcionen mitjançant les oscil·lacions repetitives dels àtoms. Igual com fèiem amb el pèndol, comptant aquestes oscil·lacions podem mesurar el temps.
Pensa que els actuals rellotges atòmics són tan precisos que només s'endarrereixen un segon en 15.000 milions d'anys (més que l'edat de l'Univers).

Com ens passava amb el TEMPS, definir què és l'ESPAI pot ser una mica complicat. El podem descriure com el lloc on es troben els objectes i en el qual passen les coses. És, per dir-ho així, l'escenari de la realitat.

L'ESPAI

I com es mesura?

En realitat el que mesurem és la DISTÀNCIA, que és la longitud que hi ha entre dos objectes. **Per mesurar distàncies utilitzem un instrument RÍGID**, com ara una VARA.

Si volem saber la longitud que hi ha entre dos punts, anirem posant la nostra vara de mesurar tantes vegades com calgui entre l'un i l'altre.

Així, comptant quantes vegades hem hagut de col·locar la nostra vara, sabrem la distància que hi ha entre els dos punts: dues vares, quatre vares, cinc vares i mitja ...

Però com fem de llargues les nostres VARES?

Imagina dos mestres d'obra que han de fer un pont sobre un riu.

Els plànols diuen que la construcció tindrà una alçària de cinc vares. Cada mestre comença des d'una riba i cadascun utilitza la seva vara, que és diferent de la de l'altre.

Què pot sortir malament?

Per evitar problemes com aquest fem servir un

sistema de mesures unificat.

Es va decidir fer una barra d'una mida concreta, que es va denominar METRE. Des de llavors totes les vares de mesurar es fabriquen de la mateixa mida que aquesta barra: un metre de llarg.

Així, ni els mestres d'obra ni ningú més tornaria a tenir problemes per posar-se d'acord a l'hora de mesurar distàncies.

El METRE és la unitat de longitud més utilitzada pels científics.

Malgrat aquest acord, alguns països també utilitzen altres unitats de mesura com ara el Sistema Anglosaxó, basat en la polzada, el peu, la iarda i la milla.

GRANS MOMENTS DE LA HUMANITAT

PETITS PROBLEMES ESPACIALS

El 1999 la sonda Mars Climate Orbiter es va estavellar contra Mart. La sonda, construïda per navegar segons el Sistema Anglosaxó d'Unitats, va rebre abans de l'enlairament les instruccions de vol en el Sistema Mètric Decimal. Per aquest motiu, en comptes de quedar-se orbitant, es va acostar massa al planeta i va acabar desintegrant-se en l'atmosfera marciana.

La primera vegada que es va establir la longitud del METRE va ser l'any 1799 quan un equip de científics va lliurar a les autoritats franceses una barra de platí com a patró de longitud.

Per calcular com havia de ser de llarga aquesta barra patró del METRE van haver de mesurar la longitud del meridià terrestre que va des de Dunkerque fins al Castell de Montjuïc, a Barcelona. Tot i els conflictes de l'època entre la corona espanyola i França, la missió va ser considerada tan important, que una expedició científica francesa va poder viatjar fins a Barcelona per poder realitzar les mesures i els càlculs.

Ara que ja sabem com mesurar el temps i l'espai, podem saber com va de ràpid un objecte. És a dir, podem saber la seva

VELOCITAT

La velocitat d'un objecte la definim com la distància que ha recorregut aquest objecte en un temps determinat.

Imagina't que hem de recórrer 4 metres i triguem 2 segons a fer-ho. La nostra velocitat seria de 4 metres cada 2 segons o, el que és el mateix, 2 metres per segon, que ho expressem així:

$$v = 2\ m/s$$

Si t'hi fixes, sempre que volem saber la velocitat hem de dividir la distància recorreguda pel temps que s'ha trigat a recórrer-la:

$$\text{Velocitat} = \frac{\text{distància}}{\text{temps}}$$

Segur que alguna vegada has vist l'indicador de velocitat d'un cotxe. Aquest aparell et diu a quants quilòmetres per hora s'està desplaçant el cotxe en cada moment.

A cent per hora!

Si un cotxe es mou a 100 quilòmetres per hora (100 km/h) significa que trigarà exactament 1 hora a recórrer els 100 quilòmetres que hi ha entre Macondo i Comala.

I si seguís a la mateixa velocitat, en 2 hores recorreria els 200 quilòmetres que separen Macondo d'Atanagildo.

el MOVIMENT

Un cos està en MOVIMENT quan té velocitat. Diem que està en REPÒS quan està QUIET, o el que és el mateix, quan la seva velocitat és zero.

Fem un petit experiment mental. Imagina't un tren que passa per davant d'una estació, sense aturar-se, a una velocitat constant de 30 km/h.

L'Alice va asseguda dins d'aquest tren llegint un llibre. Per a ella el llibre està quiet i no es mou, per això pot llegir-lo còmodament. De fet, per a l'Alice, tot el que està dins del vagó roman en repòs: les persones, els seients, els llums.

Si el Dr. Albert veu passar el mateix tren des de l'andana de l'estació, l'escena per a ell serà diferent. El que observa és que el tren i tot el que hi va dins va a una velocitat de 30 km/h, i res no està en repòs: ni les persones ni els seients ni l'Alice ni el seu llibre.

Einstein passava molt de temps realitzant experiments mentals. Li encantaven!

Les coses que per a l'Alice estan quietes, per al Dr. Albert estan en moviment.

El moviment sempre es defineix respecte a alguna cosa. És el que anomenem 'Sistemes de Referència'

SISTEMES DE REFERÈNCIA

Els Sistemes de Referència serveixen per poder mesurar posicions, distàncies i velocitats.

PODEM UTILITZAR DOS SISTEMES DE REFERÈNCIA PER SABER LA VELOCITAT DELS OBJECTES DEL TREN:

L'ALICE UTILITZA COM A SISTEMA DE REFERÈNCIA L'INTERIOR DEL VAGÓ DEL TREN EN QUÈ VIATJA. PER A ELLA TOT ROMAN EN REPÒS. (V = 0 KM/H)

PER AL DR. ALBERT EL SISTEMA DE REFERÈNCIA ÉS L'ANDANA DE L'ESTACIÓ. SEGONS ELL, TOT EL QUE VIATJA DINS DEL TREN VA A UNA VELOCITAT CONSTANT (V = 30 KM/H).

LES VELOCITATS QUE MESUREN L'ALICE I EL DR. ALBERT SÓN DIFERENTS.

Per això diem que el **MOVIMENT** és **RELATIU** i que depèn de l'**OBSERVADOR** (qui mira) o del **SISTEMA DE REFERÈNCIA** (des d'on es mira).

Un Sistema de Referència **INERCIAL** *és aquell que es desplaça a una velocitat* **CONSTANT** *tota l'estona.*

Imagina't que, per algun motiu, hi ha algú que s'ha perdut, amb el seu vestit espacial, en el més profund de l'espai. No hi ha absolutament res. No veu cap estrella, ni la seva nau ni la Terra. Com pot saber la seva posició si no hi ha cap objecte? Com pot saber si es mou o no? I si es mou, quina és la seva velocitat?

Per sort no estava perdut. Resulta que se li havia entelat la visera i no veia res. Ara sí que pot veure les estrelles, l'estació espacial i la Terra. Fixant-se en aquests objectes pot saber la seva posició i que s'està movent al voltant de la Terra a una velocitat de 30.000 quilòmetres per hora.

SUMANT VELOCITATS

Ja sabem el que són els SISTEMES DE REFERÈNCIA. Ara suposem que l'Alice segueix viatjant en un tren i es dedica a jugar amb el seu cotxe teledirigit fent que es mogui en el mateix sentit de la marxa del tren.

Quina és la velocitat del cotxe?

Per a l'Alice el cotxe va a una velocitat determinada.

V_{COTXE}

5 km/h

Per al Dr. Albert la velocitat és la del cotxe més la velocitat del tren.

$V_{TREN} + V_{COTXE}$

30 km/h + 5 km/h = 35 km/h

L'ALICE OBSERVA QUE LA VELOCITAT DEL COTXE ÉS DIFERENT DE LA VELOCITAT QUE VEU EL DR. ALBERT.

Per a l'Alice el sistema de referència és el tren, però per al Dr. Albert, que s'ho mira des de fora, el sistema de referència és l'andana.

Però si el cotxe va en sentit oposat a la marxa del tren, el Dr. Albert observarà que la velocitat és la del tren menys la velocitat del cotxe.

$V_{TREN} - V_{COTXE}$

30 km/h - 5 km/h = 25 km/h

Passa el mateix en qualsevol suma de velocitats:

Un caragol sobre una tortuga

$V_{CARAGOL} + V_{TORTUGA}$

Un ciclista en un avió

$V_{AVIÓ} + V_{CICLISTA}$

$V_{COTXE} + V_{FLETXA}$

Una fletxa disparada des d'un cotxe

Va ser Galileu Galilei, fa uns 400 anys, qui es va adonar que el moviment és RELATIU al Sistema de Referència i que cal utilitzar la suma de velocitats que acabem d'explicar per conèixer el moviment d'un objecte.

La velocitat de la LLUM

Una de les lleis fonamentals de l'Univers és que la llum viatja a una velocitat constant de

300.000 quilòmetres per segon

i RES no pot tenir una velocitat superior a la de la llum

ANYS LLUM

L'Univers que coneixem és tan enorme que per establir les seves distàncies fem servir una unitat de mesura que anomenem ANY LLUM.

Un any llum és la distància que recorre la llum durant un any terrestre viatjant a 300.000 quilòmetres per segon. Prova d'imaginar una distància tan bestial!

Les estrelles més properes a nosaltres són a més de quatre anys llum i les més llunyanes que coneixem. a milers i milers d'anys llum.

La llum viatja a una velocitat tan ràpida que en el nostre món la seva propagació ens sembla instantània, però en les distàncies còsmiques és una altra cosa.

Per exemple, la llum del Sol triga uns 8 minuts a recórrer els gairebé 150 milions de quilòmetres que separen el Sol de la Terra.

Això vol dir que sempre que mirem la nostra estrella, l'estem veient com era fa 8 minuts.

Si algun dia explota, trigarem 8 minuts a adonar-nos-en!

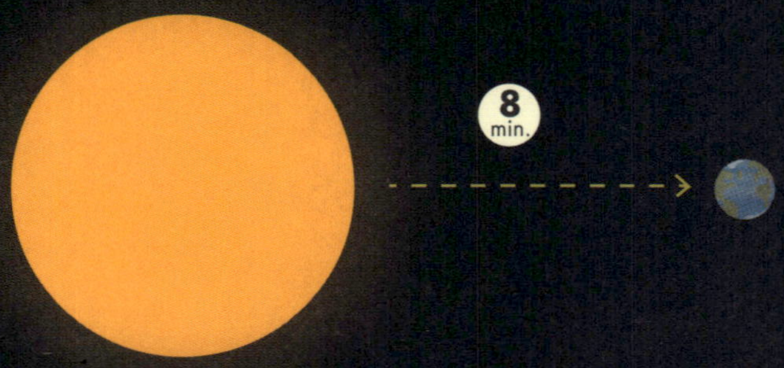

Sempre veiem el passat!

Per molt ràpidament que vagi la LLUM, sempre triga un temps a anar d'un lloc a un altre i no veiem les coses fins que ens arriba la seva llum.

Si ens miressin ara mateix, què veurien uns extraterrestres des d'un planeta situat a 4.500 anys llum de nosaltres?

No veurien la Terra tal com és ara mateix sinó com era fa uns 4.500 anys. Podrien veure, per exemple, com els antics egipcis construïen les seves piràmides.

El mateix ens passa a nosaltres. Sempre que veiem una estrella o una galàxia estem veient com era abans.

Totes les estrelles que podem veure al firmament estan a anys llum de la Terra. Segurament, algunes es van extingir fa molt de temps, encara que la llum que van emetre continuï arribant-nos.

Aleshores, si res no pot desplaçar-se més ràpid que la llum, què passa si posem un focus damunt d'un tren?

A quina velocitat va la llum?

Tal com ens explicava Galileu, hauríem de sumar la velocitat del tren a la velocitat de la llum.

$$V_{LLUM} + V_{TREN} = V_{LLUM}$$

Però com que res no pot anar més ràpidament que la llum
NO SE LI POT SUMAR MÉS VELOCITAT (NI RESTAR)

Tant és si muntem el nostre focus sobre un caragol, un fórmula 1 o un coet espacial, la llum sempre anirà a 300.000 km per segon

$V_{COTXE} + V_{LLUM}$ = 300.000 KM /SEGON $V_{CARAGOL} + V_{LLUM}$ = 300.000 KM /SEGON $V_{COET} + V_{LLUM}$ = 300.000 KM /SEGON

Els físics es preguntaven com podia ser que la llum sempre viatgés a la mateixa velocitat, la mesuressin com la mesuressin. Va ser Albert Einstein qui, el 1905, va trobar una explicació >>

Utilitzant tan sols dues idees, ① si vas a una velocitat constant, les lleis de l'Univers són sempre les mateixes, i ② la velocitat de la llum és constant, la mesuris com la mesuris, Einstein va crear la seva teoria més famosa:

LA TEORIA DE LA RELATIVITAT (Especial)

Aquesta teoria té tres implicacions increïbles:

1 El temps es dilata

2 Les longituds es contrauen

3 Les masses augmenten

Einstein va formular dues grans teories, la RELATIVITAT ESPECIAL, que és la que tractem en aquest llibre, i la RELATIVITAT GENERAL, que és la seva teoria de la gravetat.

EL TEMPS NO ÉS EL QUE SEMBLA

Una de les implicacions més sorprenents que comporta el fet que la llum vagi sempre a la mateixa velocitat, és que el temps no és tal com l'experimentem en el nostre dia a dia.

RECORDA QUE ENCARA QUE ESTIGUEM ASSEGUTS LLEGINT UN LLIBRE, ENS ESTEM MOVENT AMB EL NOSTRE PLANETA.

EL TEMPS ÉS UNA EXPERIÈNCIA INDIVIDUAL. CADA PERSONA TÉ EL SEU "TEMPS PROPI".

EL TEMPS ES DILATA SEGONS LA VELOCITAT A QUÈ ENS MOGUEM: COM MÉS RÀPID ENS DESPLACEM, MÉS LENT TRANSCORRE EL TEMPS RESPECTE D'ALGÚ QUE ESTIGUI EN REPÒS.

El temps no és absolut

Des de sempre hem pensat que el temps és el mateix a tot arreu de l'Univers. És a dir, que l'instant que passa ara mateix a la Terra, també està transcorrent a la Lluna, a Júpiter, a Pròxima Centauri, a l'altra punta de la Galàxia o a l'altre extrem de l'Univers. Aquesta idea del temps l'hem tinguda tots, fins i tot grans científics com Galileu o Newton. L'expressem dient que EL TEMPS ÉS ABSOLUT.

Einstein va ser el primer que es va adonar que el TEMPS ERA SOSPITÓS, i que en realitat no és ABSOLUT sinó que depèn del sistema de referència des del qual l'estiguem mesurant. És a dir, **el TEMPS ÉS RELATIU.**

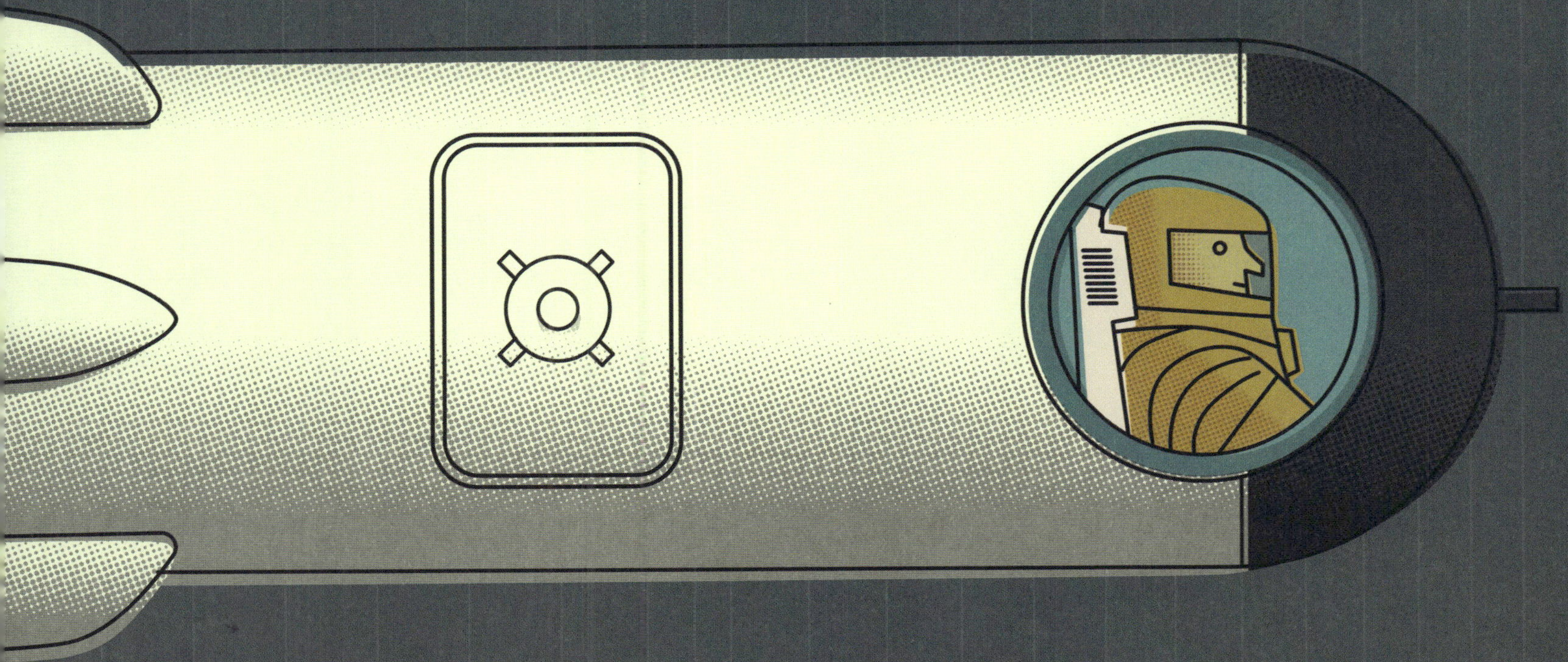

COM MÉS ENS APROPEM A LA VELOCITAT DE LA LLUM, MÉS LENT TRANSCORRERÀ EL TEMPS.

LES VELOCITATS A QUÈ SOM CAPAÇOS DE DESPLAÇAR-NOS AMB LA NOSTRA TECNOLOGIA ACTUAL SÓN MASSA LENTES PER A PODER NOTAR LA DILATACIÓ DEL TEMPS.

El temps es dilata

Una de les conseqüències més al·lucinants d'aquesta idea és que **el temps no passa igual de ràpid quan estem quiets que quan ens estem movent**.

Quan l'Alice viatja en tren i es mou en relació al Dr. Albert, el temps passa més lent per a ella que per a ell. És a dir, el rellotge de l'Alice va més a poc a poc que el del Dr. Albert, encara que en una proporció de temps tan petita que no podem notar-ho.

Diem que el temps es DILATA

Per explicar millor aquesta idea farem una sèrie d'experiments (mentals) en què podrem veure clarament que el temps no és el mateix per a tothom.

Com més ràpid vagi l'Alice, més es dilatarà el temps i més a poc a poc anirà el seu rellotge
(per a qui la vegi en moviment).

DILATACIÓ DEL TEMPS

1 – LLANÇANT BALES

Farem un experiment mental.

Et presentem aquest dispositiu o màquina que llança bales en direccions oposades cap a uns detectors que porten uns **rellotges sincronitzats**, és a dir, que marquen la mateixa hora. Quan una bala toca el detector queda registrat el temps que ha trigat des de la màquina fins al detector.

L'Alice i la seva màquina aniran dins d'un vagó de tren que avança lentament i el Dr. Albert estarà observant des de l'andana de l'estació.

L'Alice col·locarà la màquina entre dos detectors dins del tren, mentre que el Dr. Albert, amb els detectors que té a l'andana, registrarà l'arribada de les bales als detectors de l'Alice.

Quan dispari les bales, quina arribarà abans als detectors?

MÀQUINA LLANÇA BALES

DETECTOR

A AMB EL TREN QUIET

- Llancem les bales. Els rellotges marquen zero.
- Les dues bales van a la mateixa velocitat i estan sempre a la mateixa distància dels detectors.
- Tant l'Alice com el Dr. Albert veuen que les bales arriben als detectors a la vegada. Tots els rellotges marquen el mateix.

B AMB EL TREN EN MOVIMENT

- Llancem les bales. Els rellotges marquen zero.
- Per a l'Alice les dues bales van a la mateixa velocitat.
- Vist pel Dr. Albert, les dues bales NO van a la mateixa velocitat. La que va en el sentit de la marxa del tren va més ràpid (suma de velocitats) i la que va en sentit oposat va més lent (resta de velocitats).
- Tant l'Alice com el Dr. Albert veuen que les bales arriben als detectors a la vegada. Tots els rellotges marquen el mateix.

Els rellotges SÍ marquen el mateix

En els dos experiments que hem fet, l'arribada de les bales als detectors és simultània (arriben a la vegada) i els dos rellotges, tant el de l'Alice com el del Dr. Albert, marquen el mateix temps. Fins aquí cap problema. El temps és el mateix per a tots i no sembla que passi res estrany.

DILATACIÓ DEL TEMPS

2 – LLANÇANT FOTONS (llum)

Ara farem el mateix però, en comptes de bales, llançarem fotons (o polsos de llum) en direccions oposades.

Recorda que, com vam veure a 'El meu primer llibre de Física Quàntica', els FOTONS són les partícules de la llum i, evidentment, sempre van a la velocitat de la llum sense importar des d'on els observem. En aquest cas NO passarà com amb les bales; el Dr. Albert no podrà sumar ni restar la velocitat del tren als fotons.

LA VELOCITAT DE LA LLUM ÉS CONSTANT I INDEPENDENT DEL SISTEMA DE REFERÈNCIA UTILITZAT

A AMB EL TREN QUIET

- Llancem dos fotons. Els rellotges marquen zero.
- Els fotons van a la mateixa velocitat i estan sempre a la mateixa distància dels detectors.
- Tant l'Alice com el Dr. Albert veuen que els fotons arriben als detectors a la vegada. Els dos rellotges marquen el mateix.

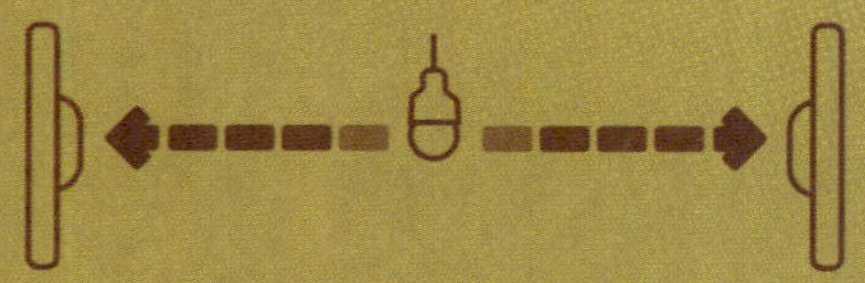

B AMB EL TREN EN MOVIMENT

- Llancem els fotons. Els rellotges marquen zero.
- L'Alice observa que els dos fotons van a la mateixa velocitat i que arriben als detectors a la vegada.
- El Dr. Albert també observa que els fotons van a la MATEIXA VELOCITAT, però en aquest cas veu que el fotó que va en el sentit oposat a la marxa del tren arriba abans al seu detector que el fotó que va en el sentit de la marxa del tren.

Els rellotges NO marquen el mateix

COMENCEN LES COSES ESTRANYES: Per a l'Alice els fotons arriben al mateix temps. Per al Dr. Albert el de davant arriba després que el de darrere. Com pot ser que un mateix succés el vegin de manera diferent? **Però si són els mateixos fotons!** A més, miren els seus rellotges i comproven que ja no estan sincronitzats: el rellotge de l'Alice està una mica endarrerit respecte al del Dr. Albert.

QUI TÉ RAÓ? Bé, en realitat tots dos tenen raó. Com ja vam dir, **el temps és RELATIU** i no és el mateix per a un observador que s'estigui movent que per a un altre que estigui en repòs. Com més ràpid vagi l'Alice més lent veurà el Dr. Albert que passa el temps dins del tren.

Per comprovar la dilatació del temps farem un petit experiment amb un rellotge. Però en comptes d'utilitzar els típics rellotges d'engranatges i manetes n'utilitzarem un molt més senzill però alhora molt precís:

EL RELLOTGE DE LLUM

Per fabricar-lo col·loquem dos miralls separats a una certa distància, per exemple a 1 metre, i enviem un fotó (llum) perquè reboti entre ells.

Cada vegada que el fotó rebota en un mirall comptem un TIC. Serà una cosa que passi de forma periòdica, per la qual cosa ens pot servir per mesurar el temps: només hem de comptar quants TICS hi ha hagut o, el que és el mateix, totes les vegades que ha rebotat el fotó.

Com sabem que entre un mirall i l'altre hi ha 1 metre, cada 10 TICS, per exemple, el fotó haurà recorregut 10 metres.

Ara compliquem una mica la qüestió. El Dr. Albert es quedarà a terra amb un rellotge de llum, mentre que l'Alice pujarà a bord d'un avió de reacció amb un altre rellotge de llum.

La velocitat de la llum és la mateixa per als dos rellotges. L'Alice, dins de l'avió, veurà que els dos miralls estan quiets i que el fotó, en cada TIC, anirà rebotant recorrent la distància d'1 metre que els separa.

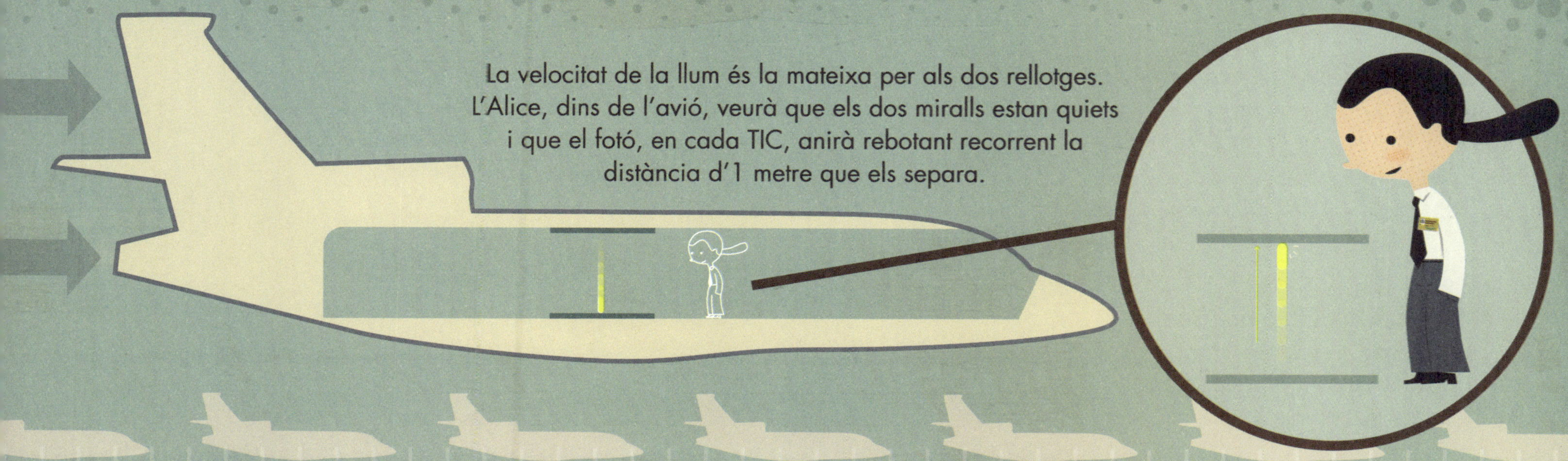

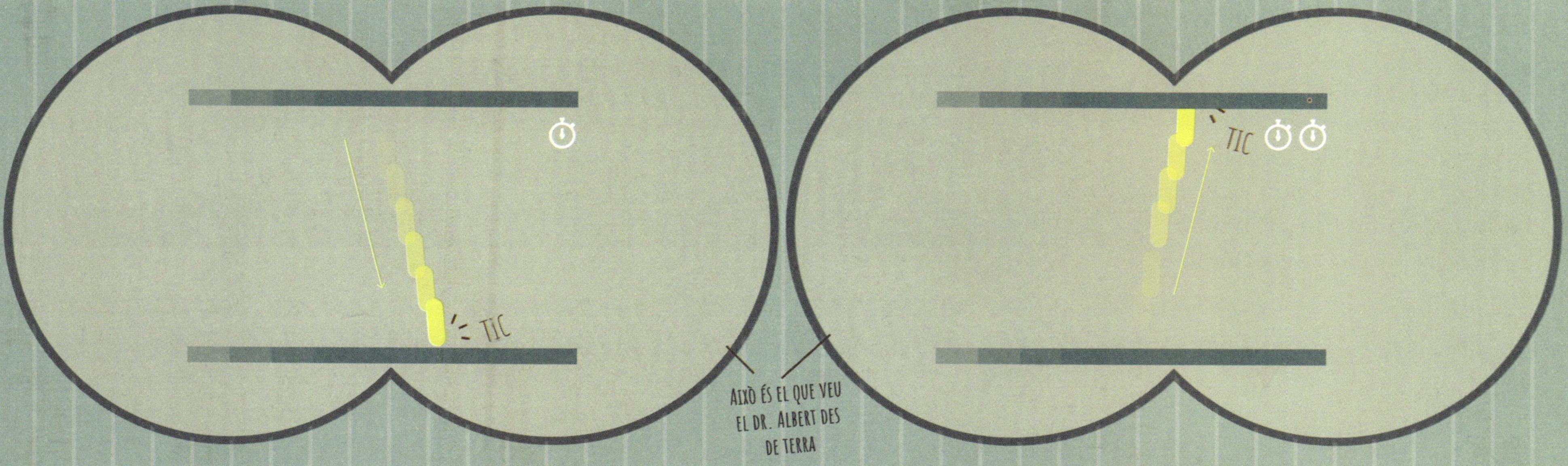

El Dr. Albert, que està quiet a terra, també veu que el seu rellotge està quiet i que el fotó recorre 1 metre en cada TIC.

Però si el Dr. Albert observa el rellotge de l'Alice, que va dins de l'avió, veurà que els miralls estan en MOVIMENT i que el fotó haurà de recórrer una distància més llarga que 1 metre. Com la velocitat del fotó és sempre la mateixa, trigarà més a arribar d'un mirall a un altre.

El rellotge de l'Alice s'endarrereix respecte al del Dr. Albert perquè el seu TIC triga més a arribar d'un mirall a un altre. EL TEMPS ÉS DIFERENT PER A L'ALICE que per al Dr. ALBERT, o el que és el mateix, EL TEMPS S'HA DILATAT.

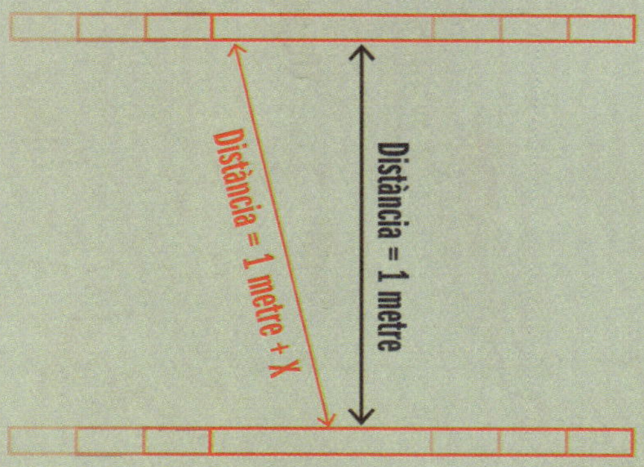

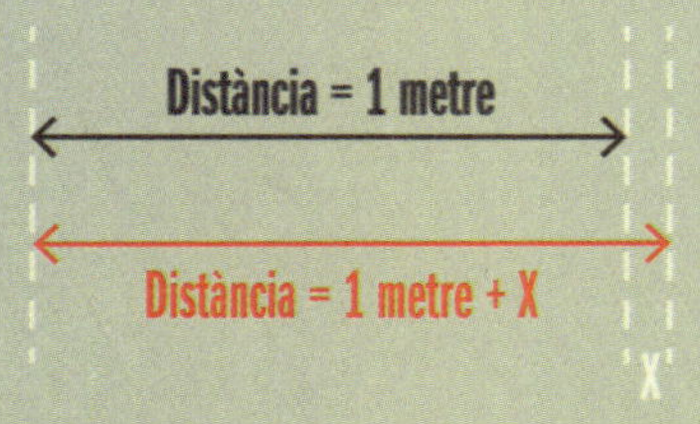

Les dues distàncies són diferents, però per cobrir-les el fotó empra el mateix temps: un TIC.

Que estrany, oi? Llavors, què els passaria a dos amics de la mateixa edat si un d'ells viatgés a una altra estrella a una velocitat propera a la de la llum? Vegem-ho. >>

VIATGE AL FUTUR

Ja sabem que el TEMPS ÉS RELATIU; no flueix igual de ràpid per a observadors en moviment (per als qui va més lent) que per a observadors en repòs.

Aquest fet s'ha comprovat utilitzant dos rellotges atòmics idèntics: un rellotge el deixem a terra i l'altre el pugem en un avió supersònic que farà la volta al planeta. En aterrar, comprovem que el rellotge que ha estat volant s'ha endarrerit unes mil·lèsimes de segon respecte al rellotge en repòs.

Com més ràpid anem, més lent transcorre el temps.

Llavors... considerant que res no pot anar més ràpid que la llum, què passaria si algú fes un viatge molt, molt llarg a una velocitat propera a la de la llum?

Vegem-ho >>>

L'Alice vol fer un viatge a l'estrella més propera a la Terra, Pròxima Centauri, que està a uns 4,22 anys llum de distància. S'acomiada del seu amic Bob, que té deu anys com ella i que l'esperarà a la Terra.

El Bob observa des de la Terra i comprova que l'astronau triga uns 8,5 anys a anar a Pròxima Centauri i tornar al nostre planeta.

Quan baixa de la nau, l'Alice gairebé no reconeix en Bob. Està fet un homenot a punt de fer 19 anys mentre que ella segueix sent una nena de 10 anys!

Com que ha viatjat tan ràpid en la seva nau, el temps per a l'Alice s'ha DILATAT, mentre que a la Terra ha seguit igual. El que per a ella han estat unes setmanes de viatge, per a en Bob s'han convertit en 8,5 llargs anys.

Viatjant en una nau gairebé a la velocitat de la llum, es trigarien uns 4,22 anys a anar a Pròxima Centauri i altres 4,22 anys a tornar.

NAU ESPACIAL DE L'ALICE

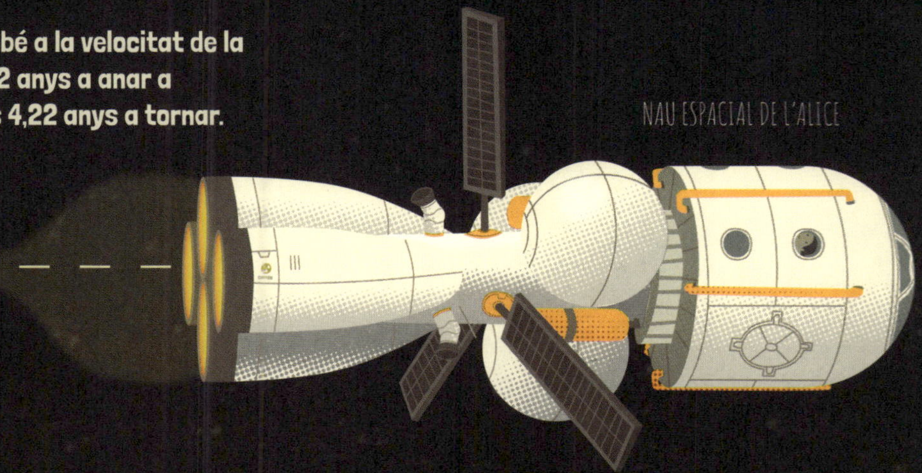

Com que es desplaça tan ràpid, per a l'Alice el **TEMPS** transcorre molt més a poc a poc que a la Terra. El viatge d'anada dura més de quatre anys terrestres, mentre que per a ella, a la nau, tan sols passen unes poques setmanes.

PRÒXIMA CENTAURI PERTANY AL SISTEMA ALFA CENTAURI I ÉS L'ESTRELLA MÉS PROPERA A LA TERRA

En arribar a l'estrella, l'Alice fa mitja volta i posa rumb de tornada a la Terra.

PRÒXIMA CENTAURI ÉS UN TIPUS D'ESTRELLA ANOMENADA 'NANA ROJA'

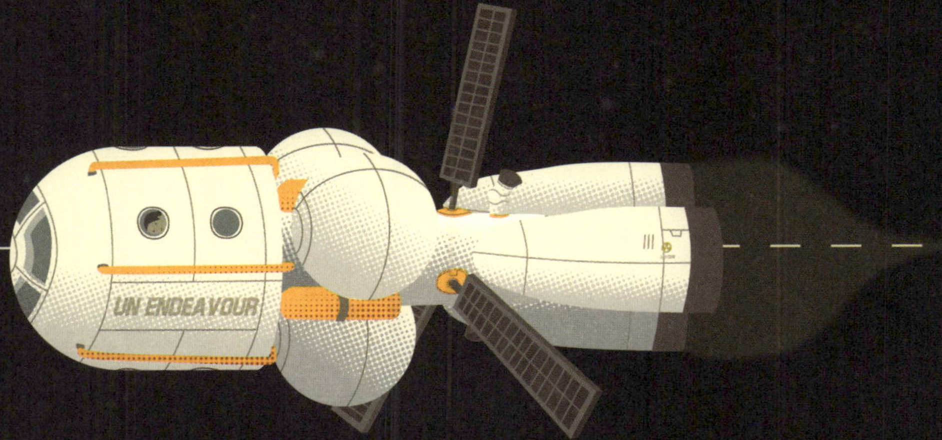

Com passava en el viatge d'anada, durant el trajecte de tornada el **TEMPS** a la nau segueix transcorrent molt a poc a poc, i per a l'Alice tot just passen unes poques setmanes més des que va sortir de Pròxima Centauri. En Bob, en canvi, torna a comprovar que des de la Terra l'astronau triga uns altres 4,22 anys a realitzar el viatge de tornada.

ANAR A GRAN VELOCITAT ÉS UNA MANERA DE VIATJAR EN EL TEMPS CAP AL FUTUR.

CONTRACCIÓ DE LONGITUDS

Una altra de les conseqüències al·lucinants de la RELATIVITAT és que quan observem un objecte en moviment podem veure que es fa més estret a mesura que la seva velocitat augmenta.

La seva longitud s'encongeix!

Comencem amb l'Alice i el Dr. Albert mesurant la longitud de la seva nau quan està quieta a la base espacial.

Després la nau marxa cap a Pròxima Centauri. A mesura que accelera acostant-se a la velocitat de la llum, el Dr. Albert pot observar que la velocitat afecta la longitud de la nau, reduint-la.

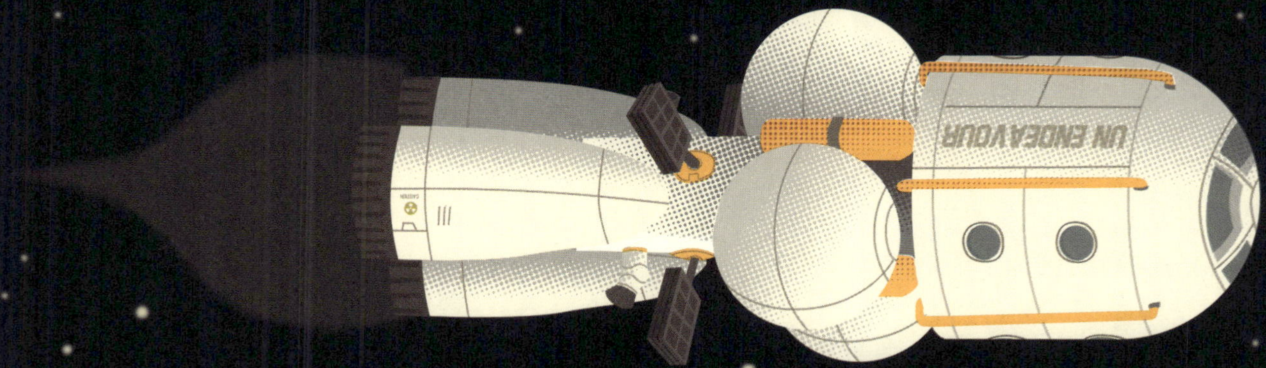

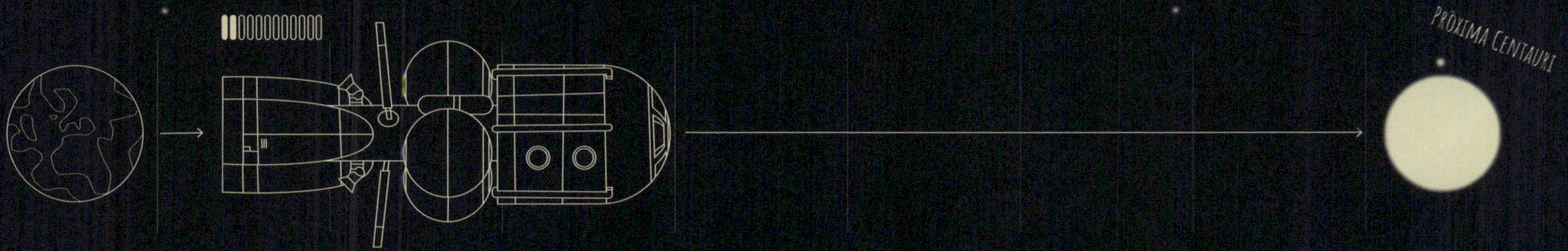

Quan la nau acaba de sortir i encara avança a poca velocitat, la seva longitud és pràcticament la mateixa que la que van mesurar a la base.

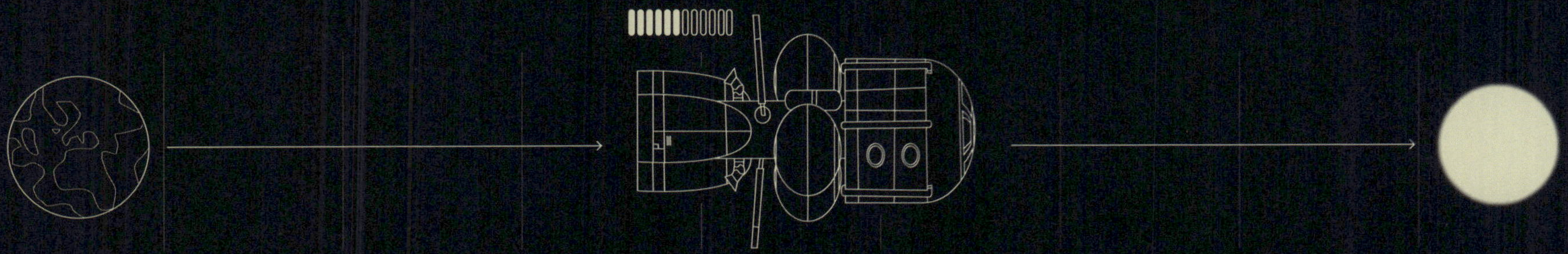

A mesura que la nau accelera i s'acosta a la velocitat de la llum, el Dr. Albert observa com la seva longitud es va contraient, tot i que l'Alice, que viatja dins, no nota cap canvi.

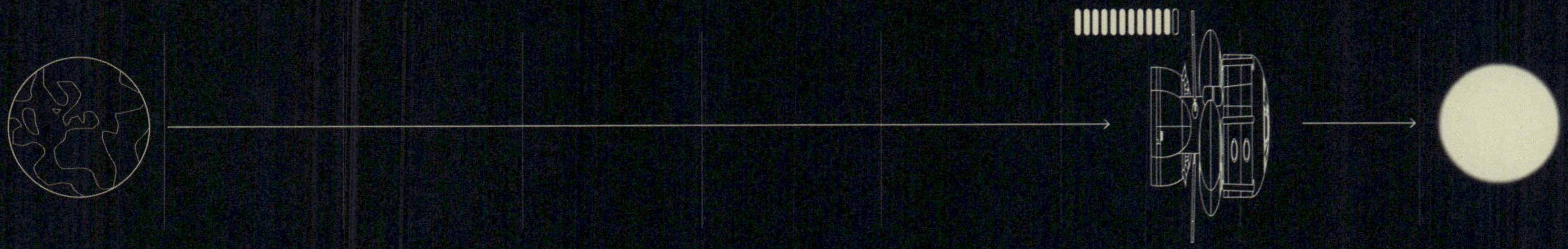

Compte! La longitud només es contreu en la direcció del moviment. La llargada de la nau es fa més curta, però la seva amplada continua sent la mateixa.

El viatge del muó

Hi ha un exemple en la vida real amb què podem comprovar la dilatació del temps i la contracció de longituds. Es tracta del muó.

El muó és una partícula elemental de la família de l'electró que pesa unes 200 vegades més que ell.

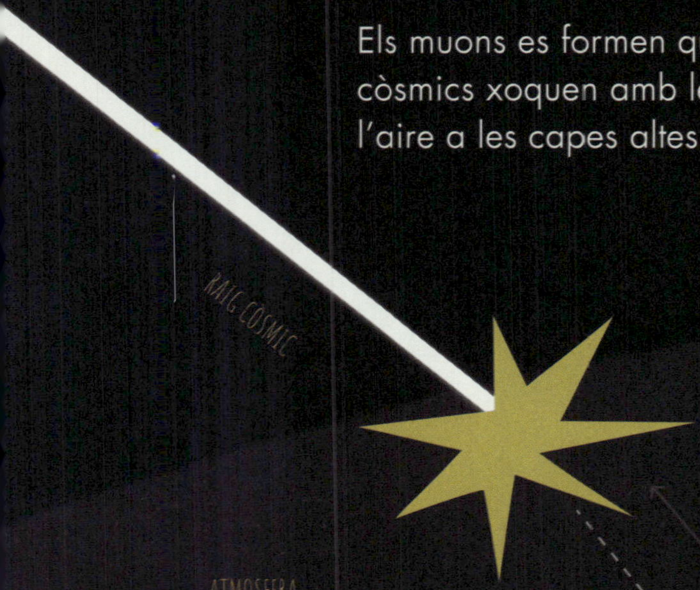

Els muons es formen quan els raigs còsmics xoquen amb les molècules de l'aire a les capes altes de l'atmosfera.

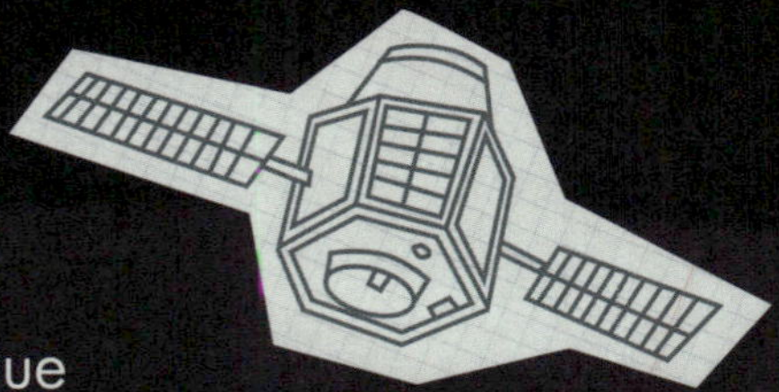

Tenen una existència molt curta, ja que únicament triguen 0,0000022 segons a desintegrar-se.

Durant la seva curta vida amb prou feines poden recórrer 660 m viatjant gairebé a la velocitat de la llum.

El cas és que podem detectar els muons als laboratoris situats a la superfície de la Terra, a uns 10 km per sota d'on es formen.

Però si només poden recórrer 660 m, com és que poden viatjar 10 km fins a arribar als detectors de la superfície terrestre?

La resposta a aquest enigma la té la RELATIVITAT

Des de la Terra:
veiem que el muó viatja molt ràpid, gairebé a la velocitat de la llum, per la qual cosa observem que **el temps del muó es dilata** i es fa més lent, de manera que triga unes 20 vegades més a desintegrar-se.
I com que triga més temps a desaparèixer, això vol dir que podrà recórrer molta més distància, la suficient per poder arribar fins a la superfície de la Terra, on el podrem detectar.

Des del punt de vista del muó:
també veu que la Terra se li acosta molt ràpid, gairebé a la velocitat de la llum, així que veurà que **les distàncies es fan més curtes (contracció de longituds)** i que **la superfície de la Terra, en comptes d'estar a uns 10 km, només està a uns 500 m**, per la qual cosa el muó té temps d'arribar a terra abans de desaparèixer.

El muó té més temps per viatjar des del punt de vista terrestre, i menys distància per recórrer des del seu punt de vista. Per això podem detectar-lo als nostres laboratoris.

LA VELOCITAT "ENGREIXA"

Una altra conseqüència sorprenent de la RELATIVITAT és que, A MESURA QUE AUGMENTA LA VELOCITAT D'UN OBJECTE, LA SEVA MASSA TAMBÉ AUGMENTA!

Quan ens pesem a la bàscula de casa estem mesurant la nostra MASSA EN REPÒS. La MASSA EN REPÒS és la massa que té un objecte quan està quiet.

Com més massa tingui un cos, més quantitat d'energia es necessitarà per poder empènyer-lo i moure'l.

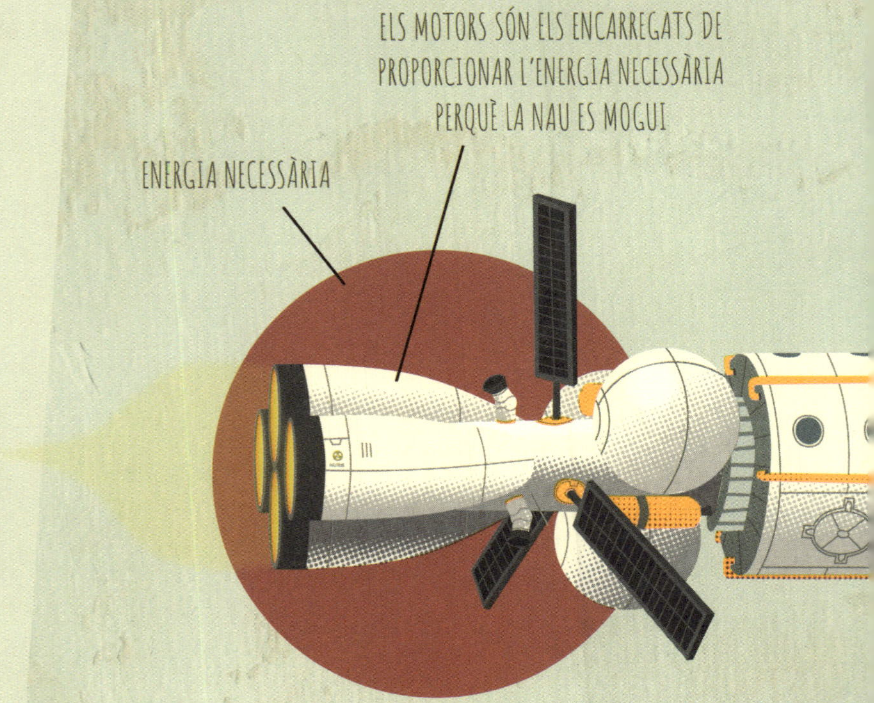

En el viatge interestel·lar de l'Alice vam veure que la seva nau s'apropava a la velocitat de la llum.

Observant des de la Terra, podem comprovar que a mesura que augmenta la velocitat de la nau cada vegada costa més accelerar-la, és a dir, cada vegada es necessita més energia per empènyer-la, perquè la massa de la nau va creixent a mesura que s'acosta a la velocitat de la llum.

Arriba un moment en què la nau té tanta massa que resulta impossible seguir empenyent.

Per aquest motiu, qualsevol objecte que tingui massa NO podrà anar a la velocitat de la llum, ja que, a mesura que l'accelerem, la seva massa es va incrementant fins a fer-se IMMENSA.

Si arribéssim a la velocitat de la llum, la massa arribaria a ser INFINITA i hauríem d'haver utilitzat moltíssima energia, més que tota la que hi ha a l'Univers. De fet, necessitaríem una energia INFINITA.

Recorda: res no pot anar més ràpid que la velocitat de la llum

Els FOTONS, les partícules de la llum, tenen una peculiaritat molt curiosa: NO TENEN MASSA, o millor dit, com es mouen sempre a la velocitat de la llum, mai no estan quiets, per la qual cosa no podem mesurar la seva MASSA EN REPÒS.

Surfejant la LLUM

Aquest va ser un dels primers experiments mentals d'Einstein.

Quan era molt jove (tot just tenia 16 anys) Einstein es va preguntar com seria viatjar sobre un raig de llum.

FOTOGRAFIA D'ALBERT EINSTEIN ALS 14 ANYS

Font: Viquipèdia

Einstein va imaginar que cavalcar un raig de llum havia de ser molt xulo i divertit, però el va assaltar un dubte: com es veuria un altre raig de llum que viatgés just al seu costat a la mateixa velocitat?

Al principi va pensar que el veuria sense moviment, quiet al seu costat amb velocitat zero respecte a ell, igual que quan veiem un cotxe que va a la mateixa velocitat que el nostre a l'autopista.
Però després Einstein es va adonar que això seria molt estrany. Mai no s'havia vist un raig de llum quiet, sense moviment.

Com que ningú no li podia respondre a aquesta pregunta, va seguir donant-li voltes intentant resoldre aquest enigma. Va trigar uns deu anys a trobar la resposta. Tenia 25 anys quan va formular la Teoria de la Relativitat que, com ja sabem, ens diu que la llum, la miris com la miris, sempre viatja a la mateixa velocitat.

La resposta a l'enigma del jove Einstein és que encara que viatgessis sobre un raig de llum, mai no veuries un altre raig de llum quiet, sempre el veuries desplaçant-se respecte a tu mateix a la velocitat de la llum, a 300.000 km/s.

ELS EFECTES DE LA RELATIVITAT SÓN PERCEPTIBLES ÚNICAMENT A VELOCITATS MOLT ALTES. PER AIXÒ, EN EL NOSTRE DIA A DIA NO ELS PODEM APRECIAR.

A més, per molt que ho intentis mai no estaràs en moviment respecte a tu mateix. Sempre estaràs en repòs respecte a tu, tant és que estiguis a la sala de casa teva, com en un vagó de tren o volant en un avió.

Això vol dir que els TIC-TAC del teu rellotge sempre duraran el mateix, és a dir que el teu temps propi no es dilatarà.

Quan et mesuris, la teva alçada o la teva amplada no canviaran (no es contrauran), i sempre que pugis en una bàscula, la teva massa mai no augmentarà.*

* Llevat que creixis, és clar.

RECORDA:
El temps es dilata, la longitud es contreu i la massa augmenta sempre que observem objectes en moviment relatiu respecte a nosaltres. Per aquest motiu, Einstein va anomenar la seva teoria "de la RELATIVITAT"

Un Univers Matemàtic

Es diu que Einstein va trigar uns 10 anys a entendre les idees de la seva teoria de la RELATIVITAT especial i tan sols unes poques setmanes a trobar les equacions matemàtiques que la descriuen.

Aquí et deixem unes quantes d'aquestes equacions perquè vegis com són de genials:

Transformacions de Lorentz

$$ct' = \gamma(ct - \beta x)$$
$$x' = \gamma(x - \beta ct)$$
$$y' = y$$
$$z' = z$$

Factor de Lorentz

$$\gamma = \frac{1}{\sqrt{1 - \frac{v^2}{c^2}}} \qquad \beta = \frac{v}{c}$$

Equivalència entre massa i energia

$$E = mc^2 \qquad m = m_0 \gamma$$

MASSA EN REPÒS

Una de les equacions més famoses del món.

Energia del fotó

És l'energia que té la partícula de la llum, el fotó.

$$E = h\nu$$

Velocitat de la llum (en el buit):

c = 299.792.458 m/s

AGRAÏMENTS

Sheddad - Als meus dos físics de capçalera, **Carles Muñoz** i **Diego Jurado**, per millorar les idees del llibre amb els seus savis comentaris.

Al meu amic **Salva Sanchis** per aportar la seva visió.

A la meva estimada **Helena** per la correcció i revisió del text i, sobretot, per ser-hi sempre. A l'**Unai** i en **Tarek**, per les xerrades de física al cotxe que tant m'han ajudat amb el llibre. I, com sempre, a l'**Inma.** Amb ells tot té sentit.

Eduard - Mil gràcies per la meva part a la gent que ha fet possible aquest llibre, sobretot a la **Meli**, però també a en **Pere**, la **Lourdes** i l'**Ariadna**, pel seu suport constant i la seva paciència infinita.

I a totes les científiques i científics que amb la seva feina han fet, fan i faran possible arribar més i més lluny.